Carl Ignaz Geiger

Reise eines Engelländers durch einen Teil von Schwaben

und einige der unbekanntesten Gegenden der Schweiz

Carl Ignaz Geiger

Reise eines Engelländers durch einen Teil von Schwaben
und einige der unbekanntesten Gegenden der Schweiz

ISBN/EAN: 9783743437364

Hergestellt in Europa, USA, Kanada, Australien, Japan

Cover: Foto ©Andreas Hilbeck / pixelio.de

Weitere Bücher finden Sie auf **www.hansebooks.com**

Reise eines Engelländers

durch

einen Teil von Schwaben

und

einige der unbekanntesten Gegenden

der Schweiz.

Herausgegeben

von

seinem teutschen Freunde

L. A. F. v. B.

Amsterdam 1789.

Vorbericht.

Mein Freund, der engländische Verfasser, der sich, bey seinem langwierigen Aufenthalte in Teutschland, vorzüglich der teutschen Sprache und Litteratur beflissen hatte, unterhielt mit mir — um sich darin zu üben — auf seinen Reisen einen teutschen Briefwechsel.

Da seine Briefe eben so viel seltene Kühnheit und Freymüthigkeit — das karakteristische Kenzeichen seiner Nation — als Beobachtungsgeist und Forschungskraft verraten, und von einem Manne geschrieben sind, der die Wissenschaft zu reisen, mit Welt- und Völkerkentniß verbindet: so bat ich ihn um die Erlaubniß, einige davon dem Publikum vorzulegen, und zu dem Ende den teutschen Ausdruk ein wenig auszuschmüken, ohne vom Sinne das Geringste zu verändern, auch wol manches weg zu lassen, was nur uns beide interessiren konnte. Er gestand mirs zu; und ich glaube, dadurch meinen Lesern keinen unrichtigen Beytrag zur Land-und Völkerkunde zu liefern.

Der Herausgeber.

Augsburg...

Freund! je mehr ich Welt und Völker und besonders Teutschland kennen lerne: desto gewisser wird mirs, daß die Verfassung teutscher Reichsstädte im Durchschnitte die Elendeste ist, die's unterm Monde geben kann. Ihre hochgepriesene Freyheit, womit sie sich brüsten, ist ein erbärmliches Ding, das wohl nirgends in der ganzen Stadt, als über den Thoren zu finden ist, wo es gemeiniglich mit grossen Buchstaben angeschrieben steht: inzwischen ein Paar Dummköpfe Hanswurst als König spielen, und wie Fürst B a m st i ch in E v e k a t e l und S ch n u d t, mit lächerlicher Gravität herunter donnern: „Himmel und Erde erzittere, Fürst Bamstich gebeut!"

Diese Empfindungen werden in mir wieder durch das Bild rege, das mir Augsburg vom Elende der Reichsſtädte darſtellt. Es verdient, daß ich es Dir ein wenig ſkizzire. Ich finde mich hier eben aufgelegt dazu: denn ein Fremder hat Muße genug, Beobachtungen zu machen; er wird weder durch Luſtbarkeiten noch durch Vergnügungen zerſtreut. Mit harter Mühe, das der Magiſtrat im Winter manchmal eine Truppe Schauſpieler, in den K o m e d i e ſ t a d e l — wie ſie das Gebäude nennen — hieher kriegt. Offentliche Konzerte ſind ordentlicher Weiſe gar keine. Ein Privatkonzert, das gar nicht hörenswerth, iſt wird wöchentlich, den Sommer hindurch, im B e n z i ſ c h e n Garten gegeben. An öffentlichen Plätzen trift man nichts, als Janhagel beym Bierkruge und bey Würſten: der beſſere Teil gruppirt ſich an all dieſen Orten in beſondere Zimmer und Häuschen zuſammen, die jedem Andern und beſonders Fremden ſorgfältig verſperrt ſind; wobey aber auch keiner von dieſen das Geringſte verliert, denn, nachdem ich ein paarmal in dieſen Zirkels war, kam mir nie wieder die kleinſte Verſuchung darnach. Sogar die letzte Reſource der Fremden, die Koffehäuſer, gehn einem hier verloren: denn

in

in den Besten findet man meist nichts als Brauknechte, Metzgerbursche und andere dergleichen schmutzige Kerls mit Pelzkäpplein und Schürzen, wie sie von der Arbeit oder aus der Werkstätte kommen. Diese tummeln sich da auf einen alten, grün überzogenen Brette herum, oder sitzen beym Biere und durchstinken das Zimmer mit Lausewenzel. Gute Gesellschaften, unterhaltende Gespräche, Bekanntschaften mußt Du hier ganz und gar keine suchen; und wehe Dir, wenn Du nicht e i n i g e w e n i g e Privathäuser kenst, wo endlich noch Erholung für Geist und Herz zu finden ist; ich sage, w e n i g e: denn auch in solchen, die gleichwol für Häuser vom besten Tone gelten, sucht man seine liebste Unterhaltung, auch bey der größten Sommerhitze, im Garten auf der Kegelbahne, beym Bierglase; wo sich die Herren, ausgezogen bis aufs Hemd, auch mitunter Frauenzimmer, unermüdet herum tummeln.

Eine andere Vergnügung ist hier das Schiessen „mit Pfeil und mit Bogen,„ mit Armbrüstern und Kugelbüchsen, das öfters in jeder

Woche, an verschiedenen Plätzen geübt wird. Wers so sieht, sollte denken, die Augsburger wären die kriegerische Nation auf Gottes weiter Erde: und doch ist es keine weniger; Feigherzigkeit und weibische Weichlichkeit ist ein Hauptzug in ihrem Karakter: und als ihre Stadt von den Hunnen belagert ward, nahmen sie ihre Zuflucht zu einer armen Hexe, die, laut der Kronik, die Stadt befreyte; indem sie mit fürchterlichen Geheule und scheuslichen Ansehen, auf ihrem Besen, in der Luft gegen die Feinde zog, und solches Schreken unter sie brachte, das sie alle Reißaus nahmen, und eine Stadt verliessen, die ihre Hülfsvölker aus der Hölle hatte; eine Geschichte, die noch über einem Thore der Stadt angemalt zu sehen ist; weswegen dann auch die Augsburger die Hexen und Teufel noch so sehr in Schutz nehmen; wie ohnlängst sogar ein gewisser Tobacksfabrikant et Consf. in einer Schutzschrift, betitelt: Ueber die Hexenreformation, gegen den Hr. Professor Weber in Dillingen tat, der sich unterstanden hatte, ihre Gewalt verdächtig zu machen.

Die

Die erste Gattung oben erwähnter Uebungen, das Bogenschießen, ist in allem Ernste sehr gefährlich, und würde von einer bessern und wachsamern Policen wohl schwerlich so geduldet werden: denn das Ziel steht nach der Landstraße, und da sie so unrichtig schießen, daß die Pfeile gar öfters über der Nische weg, nach dem Wege fahren: so ist kein Vorübergehender sicher, daß er nicht das Opfer dieses Heldenspiels werde; wie dann auch schon wirklich geschah. Was die Gefahr vermehrt, ist, daß man das Schießen, wegen der vorliegenden Gesträuche, eben so wenig sieht, als hört.

Das Auffallendste für jeden Fremden hier, ist die Theurung der Lebensmittel, die mit der ganzen, weit umliegenden Gegend, schon von einer Viertelstunde ausser der Stadt an, bis auf zwanzig und mehr Meilen im Umkreise, selbst andere Reichsstädte mit eingeschlossen, in keine Vergleichung kömmt. Das Pfund Rindfleisch z. B. kostet 9 Kr. während es in den umliegenden Städten nicht mehr, als 7 Kr. kostet; und so verhältnißmässig mit andern Gattungen. Gleichwol sind die Metzger gar oft unverschämt genug, gar kein, oder schlechtes Fleisch abzugeben, wenn es Ihnen nicht über die Taxe bezahlt wird. Herrschaftsköchinnen, auch wolhabende Bürgerweiber zahlen daher oft noch einen und zwey Kr. vom Pfunde mehr, um nur recht gut Fleisch zu bekommen, und andere erhalten folglich fürs theure Geld oft nur schlechte Broken. Inzwischen wird dieß all geduldet. Das Brod — wie mich glaubwürdige Männer versicherten — war unmittelbar nach der Zeit der Theurung hier nicht kleiner, als es jetzt ist; und ein Bäcker liefert aus einem Schaff Getraide, das Du ihm für Dich zu verbacken gibst, nicht mehr, als 74 Leibe, jeden zu 4 Pf. indeß doch jeder, wer sich sein Brod selbst backt, von eben so viel Getraide neunzig solche Leibe herausbringt: wobey noch wohl zu bemerken, daß jedem Ratsgliede aus erwähnter Getraidequantität allemal 80 Leibe und also sechse mehr als anderen, von jedem Bäcker geliefert werden.

Die gesegnete Fruchtbarkeit des Landes ist ein Umstand, der die hiesige Theurung noch auffal-

auffallender macht. Die Urſache davon iſt das her jedem, der nicht mit dem innern Zuſtande von Augsburg bekannt iſt, ein unerklärbares Räthſel; wozu Du aber den Schlüſſel aus folgenden nehmen kanſt.

Der kat. Magiſtrat allhier befindet ſich in ſehr eingeſchränkten Finanzumſtänden: indeß Bäcker, Brauer und Metzger der reichſte Theil der hieſigen Bürgerſchaft ſind. Der proteſt. Magiſtrat iſt zwar reich, hat aber ſeine Kapitalien auf den Häuſern dieſer Bürger liegen. Buchſtabir das zuſammen, — und Du haſt die Auflöſung des Räthſels.

Die Theurung allhier verurſacht, daß ganze Wägen voll Fleiſch aus den nächſt gelegenen Ortſchaften hereingeführt werden; welches durch einen ſehr ſeltſamen Wiederſpruch, für einen Pfennig vom Pfund Abgabe, ohne Unterſchied öffentlich geſtattet wird. Hieraus entſteht eine eigene Klaſſe von Menſchen, die man Fleiſchkatzen nennt; deren Amt und Nahrung iſt, an den Thoren auf die Einſchwärzung*)

des

*) Defraudation.

des Fleisches zu wachen, und es, im Betretungsfalle weg zu nehmen, und für sich zu behalten.

So sehr über den Punkt des Viktualienpreises der Magistrat, wie man sieht, von gewissen Klassen seiner Bürger abhängt: eben so sehr würde man sich irren, wenn man daraus die Freiheit der Bürger im Ganzen beurtheilen wollte. Dieses gerühmte Gut der Reichsstädte ist hier so wol Schimäre als irgendwo; und der Bürger wird auf die niederträchtigste Weise behandelt. Das Sklavenwort, Euer Gnaden, ist von den Bürgern selbst gegen den unadelichen Theil des Magistrates gebräuchlich. Sie erscheinen vor demselben mit einer sklavischen Furcht und Erniedrigung, und werden, oft der geringsten Ursache wegen, in Gefängnisse gesperrt, die hier keine Bürgergefängnisse, wie anderwärts, sondern Hundelöcher sind.

Aber was soll ich Dir erst über die **Kriminalgefängnisse** und über **Kriminaljustiz** allhier sagen? Es wäre der Mühe werth, daß

daß ein Menschenfreund darüber seine Stimme für die Sache der leidenden Menschheit bis an den Thron der Majestät erhübe. Warum sollte unter uns weniger, als zu den Zeiten der Römer, jedem aus dem Volke erlaubt seyn, Klage zu führen, wenn es auf Rettung der Menschheitrechte ankömmt, die von Obrigkeiten selbst vernachläßigt, mit Füßen getreten werden? Wie — wie kan sonst in solchen Fällen der gekränkten Menschheit Hülfe und Recht verschafft werden? ... Freund! willst Du Barbarey und Unmenschlichkeit in ihrer ganzen abscheulichen Gestalt mitten im v e r f e i n e r s t e n J a h r h u n d e r t e sehen: so komm, geh mit mir in diese Kloaken der Gerechtigkeit, die hiesigen Kriminalgefängnisse. Hier siehst Du die Unglücklichen in unterirdischen Löchern, worein weder Licht noch Luft dringt, in einem Schwalle von faulen Dünsten, von Moder und pestilenzialischem Gestanke eingehüllt — die Wände triefen von beständiger Näße, Stroh und Kleidung fault um diese Armen her, und für sie wäre es Glück, wenn sie auch faulen könnten! ... So liegen sie, ringend zwischen Seyn und Nichtseyn, im bangen, lang-

samen

ſamen Gefühle des Todes und der Verzweif⸗
lung, ein — meiſt aber zwey — drey Jah⸗
re!! ...... Stelle Dir das Entſetzliche die⸗
ſes Zuſtandes vor! ... Dann werden ſie
erſt hervorgezogen, und — zum Tode ge⸗
ſchleppt. .....

O Menſchen! und Ihr mögt Euch mit
Menſchlichkeit brüſten? mögt Thiere wild und
grauſam nennen, und Euch über ſie erheben?
Wo iſt der Tyger, wo der Leoparde, der je
mit gleicher Grauſamkeit gegen eines ſeiner
Gattung wütete? ... Hieher mit mir, Ihr
gutmütigen Schaafsköpfe, die Ihr von nichts
als Menſchenliebe und Verfeinerung unſerer
Zeiten ſchreyt, und jubelt, hieher mit mir in
dieſe feuchte Kerkernacht, unter das Geklirre
der Ketten und das Gewinſel und Aechzen
der Menſchen, hieher! und verſchwindet hier
nicht vor Euch das Fantom der Verfeine⸗
rung, das Euch äffet: ſo ſeyd Ihr die elende⸗
ſten Schwachköpfe, die jemals über Verfeine⸗
rung jauchzten.

Ueberhaupt iſt mir in Teutſchland die Be⸗
merkung aufgefallen, daß die Verbrecher —

hie⸗

hier mehr, dort minder — überall hundisch behandelt werden. Eine Folge Eurer Regierungsverfassung, und der niedrigen Begriffe,
die Ihr dadurch von dem Werthe und der Würde des Menschen erhaltet. In meinem Va-
terlande, wo eine freyere Regierungsform
herrscht, wird daher auch ein gewisses edles
Verfahren selbst gegen Missetäter, gegen Be-
strafte beobachtet. Eben diesen Unterschied be-
merkte ich in Ansehung der einzelnen Provin-
zen Teutschlandes unter einander. Je weiter
eine Provinz in der Aufklärung fortgeschritten
ist, desto menschlicher werden allda die Verbrecher behandelt; je tiefer sie noch in Finsterniß liegt, desto grausamer und hundischer ver-
fährt man dort gegen diese Gattung von Menschen. Beyspiele hievon geben uns Oesterreich,
Bayern, Schwaben und besonders A u g s b u r g.

Wenn dort einer — wie ich irgendwo gelesen habe — sagt: daß man die Beschaffenheit der Polizey ziemlich richtig nach der Beschaffenheit der Strassen beurteilen könne: so
hat er, wenigstens in Absicht auf A u g s b u r g,
recht. Schlechtere Strassen findet man in
einer

einer Stadt schwehrlich. Das Pflaster, das aus kleinen spitzen Steinen besteht, wird so schlecht unterhalten, daß selbst die ansehnlichsten Strassen voll Lücken und Löcher sind, die den ungewohnten Fußgänger öfters in Gefahr, zu stürzen, bringen. Man trift sogar viele ganz breite Flecke, von denen das Pflaster losgerissen ist. Hiezu kömmt noch, daß die Strassen, im Winter wie im Sommer, des Nachts gar nicht einmal beleuchtet sind. Weswegen man nur mit der äßersten Beschwerlichkeit und Gefahr, in einer finstern Nacht, durch die Stadt gehen kann. Der hundert Inkonvenienzen, die hierdurch veranlaßt werden, nicht zu gedenken, wovon z. B. dieß eine ist, daß den Bürgerweibern ihre Hauben, die sie gewöhnlich von reichen Stoffe tragen, öfters vom Kopfe gerissen und fortgenommen werden.

Man sagt, daß der Magistrat zwar schon öfters den Antrag zur Beleuchtung der Stadt gemacht habe; daß aber gerade der angesehenste Theil der Bürgerschafft sich am Meisten dagegen gesperret habe. Dabey scheint mir nun

nun aber sonderbar, daß in diesem Falle der Magistrat nicht die Beleuchtung aus dem öffentlichen Aerarium bestritten habe; oder nicht auf den Einfall gerathen sey, daß eine Kontribution, nach den allgemeinen Rechtsgrundsätzen, hier gar wohl als Schuldigkeit hätte auferlegt werden können.

„Spaziergänge sind in der Stadt ganz und gar keine. Es ist zwar ein weiter, hübscher Rasenplatz hinter dem Dohm an der Residenz, der wie dazu bestimmt scheint; aber weder dazu angelegt, noch gebraucht wird: denn das Volk hat weder Sinn noch Gefühl für Spaziergänge, die nicht zu Würsten und Kegelbahne führen. Selbst die Freudenmädchen haben daher Nachts ihren Sammelplatz bekanntermaßen in der Haustenne einer gewissen Koffeschenke, die einen Durchpaß hat, und wie aus Vorsatz deswegen nicht beleuchtet wird. Die Lust des Spazierngehens in hiesiger Stadt wird auch eben nicht durch die lieblichsten Gerüche gereizt, die durch Ausleerung gewisser, den Mangel an Abtritten ersetzender Gefäße, schon um 9 Uhr des Abends

im höchsten Sommer entstehen, und die At­mosphäre durchpesten.

Übrigens aber ist nicht zu läugnen, daß es hier verschiedene gute Anstalten und Stiftun­gen giebt. Es sind Armenhäuser, Waisen­häuser, Findelhäuser für beide Religionen. Allein bey dem Anblicke der Kinder aus diesen Letzteren mögte man lieber wünschen, daß gar keine solche Häuser wären! Das ganze An­sehen der Unglücklichen spricht laut und schreck­lich von inneren Gebrechen dieser Anstalten. Die elenden Geschöpfe sehen bleich, wie die Gespenster; haben dicke Köpfe und durchaus etwas Aeltliches in ihrer Miene. Manche unter ihnen sind sogar krum, schief gewach­sen, höckerich — kurz! ich habe in meinem Leben kein sprechender Bild von der schlechten Verfassung dieser Häuser gesehen; und ich ward von Neuem in der Meynung bestärkt, daß der Menschheit durch diese Gattung von Stiftungen insgemein weit mehr Uebel, als Gutes widerfährt. Als ich darauf hingieng, sie zu besuchen, fand ich, daß dumpfe, un­reine Luft, die die Folge der Lage ist, wohl

nicht

nicht wenig zur Ungesundheit der Kinder bey,
tragen möge; auch bemerkt' ich, daß alles
Küchengeschirre aus Kupfer bestand, das noch
dazu ganz schlecht verzinnt war — und daß
Kinder Dienste von Kindermägden versehen
mußten: woraus ich mir zum Theil die Krüp,
pelhaftigkeit ihres Körpers erklärte, die durch
das Tragen und Heben der Kinder, nicht allein bey den Unmündigen, die diese Dienste
thun, sondern auch bey den Kindern, die von
ihnen gehoben und getragen werden, gar leicht-
lich bewirkt werden. Endlich glaub' ich,
eine Ursache von dem ungesunden Aussehen
der Kinder, in dem Mangel an genugsamer
Bewegung, bey der schweren Kost, die meist
aus groben Mehlspeisen besteht, zu finden.
Soviel zog ich nur so von der Oberfläche ab,
die man insgemein alleine an solchen Orten,
dem forschenden Auge des Fremden vorhält.
Welche Fehler mögen wohl erst noch tiefer ver,
steckt liegen! Fehler, die der ganzen Auf,
merksamkeit eines Patrioten und der Mühe
werth wären, sie an der Wurzel zu fassen.
Wenn ich gewohnt wäre, der Sage nachzu,
schreiben: so könnt' ich noch einige Misbräu-

che

che anführen, die der Ruf von diesen Häusern verbreitet.

An Armenstiftungen und Armenanstalten mangelt es hier noch weniger; aber um so mehr am Gebrauch und Anwendung derselben. Die wahren Dürftigen erhalten insgemein sehr kärglichen Unterhalt, und laut den öffentlichen Nachrichten, die von der Armenanstalt im Drucke ausgegeben werden, war dies Jahr das höchste Almosen für ganze Familien 1 fl. bis 1 fl. 15 Kr. wöchentlich. Andere hingegen aus dem höheren Stande, die des Almosens öfters unwürdig, sich nur durch Nebenwege in das Institut zu schleichen gewußt haben, und aus Respekt gar nicht im Personalverzeichnisse angezeigt sind, erhalten theils aus der Anstalt, theils aus den Stiftungen, wöchentlich zu 4, 6, bis 8 und mehrere Gulden. Hiezu ist öfters eben ganz und gar nichts nothwendig, als das Wort eines Mächtigen, Konnexion, Empfehlung — insbesondere aber der Uebertritt zur katol. Religion. Der Empfohlne mag nun immer durch Lüderlichkeit sich selbst um sein Vermögen gebracht haben; mag ein

ein freywilliger Müssiggänger, ein schlechter Wirtschafter, ein nichtswürdiger Mensch seyn: wie es dann deren wirklich viele giebt, denen das Allmosen zu nichts, als zum Müssiggange, Saufen und Schwelgen dient. Andere, die die Wege und Mittel gar wohl kennen, durch die sie sich frühe oder späte in solch eine Stiftung stehlen, und daraus mehr erhalten könnten, als sie wirklich in guten Glücksumständen zu verzehren haben, hausen drauf los, was das Zeug hält; verbrausen ihre Habe bey Bier und Wurstgelagen, auf Kegelbahnen und in aller Art von Ausschweifungen; und haben sie endlich alles durchgebracht: so leben sie sehr gut und gemächlich von dem, was Menschenfreunde dem unglücklichen Armen bestimmt haben, der indeß darbt.

Diese Beobachtungen waren auch wohl die Ursache, daß der Beytrag zur Armenanstalt, seit ihrer Existenz jährlich abnimmt: denn laut der vor mir liegenden Berechnung vom Jahre 1786, giengen in diesem Jahre weniger ein   6282 fl. 35 Kr.

B 3   Gleich-

Gleichwohl war der ganze Be-
  trag der Einnahme   45495 fl. 16 Kr.
Im Jahre 1787, giengen aber-
  mal weniger ein   2624 — 17 —
Die ganze Einnahme betrug 37053 — 20 —

Wie man sagt, soll, des vorerwähnten Unfuges wegen, die Armenanstalt nächstens ganz und gar aufgehoben werden.

Die Armenstiftungen belaufen sich unendlich höher; worunter sich besonders die Fuggerische durch den Reichthum ihres Fondes heraushebt.

Wenn man nun alle diese Stiftungen und Armenanstalten zusammen hält: so läßt sich daraus ein Begriff von der übergroßen Menge der hiesigen Armen machen; derjenigen nicht zu gedenken, die durch die schühleinischen und andere Kottonfabriken kärglich ernährt werden, und die allein, ohne zu übertreiben, eine Anzahl von mehr tausenden ausmachen.

Aber

Aber eben so großen Nachtheil bringen diese Kottonfabriken der ehemals so blühenden Augsburger Weberzunft, und in der Maße, wie sich jene erhuben, so sank diese bis zu dem Elende herab, worinn sie itzt darbet. Das lose Gesindel hingegen wird durch die häufigen Kottonfabriken hereingezogen; und dieß sind die vielen Kottonmahler und Mahlerinnen, Drucker und Druckerinnen ꝛc. wovon besonders die Ersteren so schlecht bezahlt werden, daß sie aufs Kärglichste kaum davon leben können, und daher zu allerley schändlichem Gewerbe ihre Zuflucht nehmen. In den Schlupfwinkeln dieser Leute — denn Wohnungen kann mans nicht nennen — sieht man allenthalben die frappantesten Bilder des menschlichen Elendes.

Die Armuth der hiesigen Einwohner überhaupt ist der sprechendste Beweis von den Gebrechen der hiesigen Staatsverfassung, und bestätigt die Bemerkung, die so oft und so gründlich gemacht ward, daß die Städte immer die Aermsten sind, die den meisten Clerus haben.

Man zählt hier acht Mönchs- und vier Nonnenklöster, nebst drey Stiftern, in allem 200 kat. Geistliche; indeß, ohngeachtet der Religionsparietät, nur 15 Iberen, auf protestantischer Seite sind.

Unter den Ersten haben sich, leider! die Exjesuiten noch das mächtigste Ansehn und den wirksamsten Einfluß zu erhalten gewußt. Bey allen Gelegenheiten springen die verborgenen Federn, wodurch sie von jeher ihre Maschine so künstlich in Gang setzten.

Mehr braucht man nicht zu wissen, um sich eine Vorstellung von der Barbarey und dem Fanatismus zu machen, die ein herrschender Zug in dem Bilde von Augsburg sind. Die hiesigen Exjesuiten sind es, die den Magistrat und die Stadt regieren. Die katolischen Bürgermeister und Stadtpfleger sind eben so sehr Jesuitenknechte; darunter zeichnen sich besonders P r e c h t und — ein erzdummer Laffe, Nahmens H ö f n e r, aus.

Allein die Stadt ist wohl noch der kleinste Kreis, worinn die hiesigen Exjesuiten wirken. Um

Um Intoleranz und Dummheit in der Religion recht zu verbreiten, treiben sie hier einen ordentlichen Buchhandel, dem sie durch ihre, in allen Ecken der Welt ausgestreuten Unterhändler sehr guten Absatz verschaffen; und verlegen selbstverfaßte Schriften, die sich durch das Gepräge von fanatischer Wuth und Dummheit auszeichnen. Wer kennt nicht ihre Kritik der Kritiker, dieß schandvolle Brandmark augsburger Litteratur? Da sie überdieß die Schulen und den Predigtstuhl versehen, so ist leicht zu erachten, wie weit sich ihr Einfluß ausdehne. Von Kathedern und Predigtstühlen ertönt einstimmig Intoleranz und Unsinn. Erst am vergangenen Sonntage wohnt ich einer Predigt des hiesigen Domspredigers Zeiler bey, die das beliebte Thema hatte: daß alle verdammt seyen, die nicht zur katol. Religion gehören. Er bestätigte seinen Satz unter andern, mit dem Texte der Schrift: Qui non credit, iudicatus est, den er durch die Worte übersetzte: Wer nicht glaubt, ist schon verdammt.

In den Schulen liest man sein fleißig die Moraltheologie über Voit, Spekulativ und

Dogmatik über Widmann, und das geistliche Recht über Pichler; und die Lehrer werfen von ihrem Dreyfuße patetische Machtsprüche und Schimpfwörter gegen Kant, Feder, Weishaupt und alle die großen Männer unserer Zeiten umher: während die horchenden Schüler mit aufgesperrtem Munde über die tiefe Gelehrtheit staunen.

Der Fanatismus dieser Mönche geht so weit, daß sie, damit noch nicht zufrieden, unter ihren Schülern noch besonders eine Art von Orden der Frommen errichten; wobey ein gewisser Buchhalter aus der Handlung des berüchtigten Fanatikers Ob e p e r und ein Exjesuite präsidiren. Heißt dies nicht recht planmäßig Barbarey und Finsterniß immer mehr verbreiten?

Von dem kläglichen Zustande ihrer niederen Schulen kan sich jeder einen Begriff machen, der nur jemals etwas von dem bekannten P. Jann, Professor der Dicht- und Redekunst allhier gehört, oder gelesen hat. Trotz der bösen Streiche, die ihm sein Pegasus schon

schon gespielt hat, und der Geiselhiebe, womit er schon so jämmerlich zersetzt ward, ist doch der Mann so sehr für die Mähre eingenommen, daß ers nicht lassen kann, ihn dem ehrsamen Publikum immer wieder vorzureiten. Er verfertigt alle Jahre richtig wenigstens ein Paar neue Schuldramas, die von den Studenten aufgeführt werden, und die sich einmal wie das andere darin gleichen, daß sie allzeit so tief unter aller Kritik so voll Mängel und Gebrechen, und so ganz ohne alle theatralische Schönheit sind, daß man sie gar nicht einmal vor das Werk eines mittelmässigen Schülers halten sollte. Mit Recht wies ihm daher der Werf. der Korrespondenz der Heiligen und der Narren einen Platz unter den Letztern an.

Das hiesige Kloster liefert sogar von Zeit zu Zeit Zöglinge für den Jesuitenorden nach Weißreußen in Rußland, wo er bekanntlich noch existirt; und seine Ausgebreitheit erstreckt sich bis nach Amerika; ja, als ich hier Briefe nach Philadelphia bestellen wollte: sagte mir mein Banquier, daß ich sie am Ersten durch das Komtoir der Exjesuiten dahin bringen würde.

Wer

Wer sich recht anschaulich von dem hier herrschenden Geiste des Jesuitismus und der Aufklärung überzeugen will, der gehe in die Buchläden. Das sind ächte Warenlager der Ortodoxie und des Fanatismus. Gebetbücher, Predigten, Glaubens- und Sittenlehren; kurz, aller geistliche, theologisch-aszetisch-moralisch, dogmatische Plunder sind die Artikel derselben. Zum Beweise lies doch nur einmal einen Bücherkatalog des bekanten Wolf, und Du wirst in einem zolldicken Inbegriffe fast nichts, als blos dergleichen Schriften meist mit den drolligsten Titeln finden; selbst des famösen P. Cochems und P. Abrahams seine nicht ausgenommen. Wobey zu bemerken, daß dieser elende Mensch vom Buchhändler sich gröstentheils durch solchen Quark sehr ansehnliche Reichthümer gesammelt hat; wodurch er allen andern hiesigen Buchhändlern sehr weit überlegen ist.

Uebrigens ist der Buchhandel hier in einem so elenden Zustande, als man sich bey einer ganz eingeschränkten Preßfreyheit und der übergroßen Menge von Buchhändlern leicht vorstellen kann, denn

denn es sind deren volle zehn; der Exjesuiten und anderer Geistlichen nicht zu gedenken, die durch eigenen Handel den Buchhändlern nicht wenig Eintrag thun. Die Zensur, die Schwester des Jesuitismus, sitzt hier mit Mydasohren auf einem Throne von Kontroverspredigten, und schlägt mit bleyernem Scepter alle Produkte des Geistes darnieder, indeß der Jesuitismus ihnen Anatema! nachruft.

Das Unheil, das die Mönche über Augsburg bringen, zu vermehren, treiben verschiedene der hiesigen Klöster, z. B. St. Ulrich, St. Katarina, u. a. die Weinschenkgerechtigkeit. Zwar ist den hiesigen Bürgern unter Strafe verboten, davon zu kaufen: nichtsdestoweniger aber werden diese geistlichen Saufgelage insgeheim häufig von ihnen besucht; weil sie das für ein sehr geringes Geld W e i n trinken können; das hier, wo kein Wein wächst, sehr hoch klingt, und man glaubt, Wunder was man habe, wenns nur W e i n heist.

Da dies die Mönche gar wohl wissen, so suchen sie daraus auf die abscheulichste Art ih-

reit

ren Vortheil zu ziehen. Junge, schlechte, essigsaure Brühe von unreifen Trauben, die gar nicht trinkbar ist, wird hier mit jenen giftigen Ingredienzen zubereitet, wodurch ihr die Säure benommen, und eine gewisse Stärke gegeben wird. Die Leute glauben, natürlichen Wein zu trinken, freuen sich des geringen Preises, und trinken — **Gift, langsam tödtendes Gift!**

Ich rede Wahrheit, ich rede Thatsache, die eine allgemeine Aufmerksamkeit verdient. Mögte doch ein patriotischer Arzt die bekannte Probe mit einem Glase von diesem Weine machen? und findet er das Gift — wie ers gewiß finden wird — so trete er hin unter seine Mitbürger, das Glas mit dem sichtbaren Gifte in der Hand, und rufe laut: „Unglückliche! was macht Ihr? seht, es ist nicht Wein, den Ihr trinkt; es ist — Gift!"

Bey dem der gewöhnlich' hingeht und davon trinkt, dauert es selten länger als ein paar Jahre, daß er nicht eine Brustkrankheit davon trage; woran auch die Meisten dieser

Zech-

Zechgäſte, nach genauer Erkundigung, die ich hierüber einzog, richtig ſterben.

Sind ſolche Uebel nicht eines vorzüglichen Augenmerks der Obrigkeit würdig? Und doch wird hierauf gar nicht einmal geachtet, vielweniger auf Gegenvorkehrungen gedacht; und wenn pro forma dieſer Wein den Bürgern verboten iſt, ſo dachte man dabey an nichts weniger, als an den Schaden für die Geſundheit; nur an den ökonomiſchen Schaden der Weinwirte: denn die Mordthaten — in ſo ferne ſie die öffentliche Ruhe und Sicherheit nicht ſtöhren — liegen außer dem Bemerkungskreiſe der Obrigkeiten. Ein Magiſtrat hätte viel zu thun, wenn er auf jede Kleinigkeit acht haben wollte, die weiter nichts, als einen tödtlichen Einfluß auf die Geſundheit des Bürgers hat. Genug wenn er ſeine Viehebeſchauer aufſtellt— wenn die Weinprober zu ihrer Zeit fleiſſig die Runde machen, um — in jedem Weinhauſe ihr Deputat zu erhalten — und die Brodwäger ſein ordentlich mit der Wage von einem Brodladen zum andern gehn, um — überall richtig ihre Semmeln zu holen, die einer in einem Korbe dabey nachträgt — u. d.

Wirkt

Wirkt nicht hier das Bonzengift so schon genug? muß es der arme Bürger auch noch im Weine trinken? Die Seele dieses Volkes ist bereits genug damit angesteckt: muß es auch ihr Körper werden?

O, von den Wirkungen des Bonzengiftes allhier, lieber B.! was hätt ich Dir nicht alles zu sagen!.... Du kannst nach dem, was ich Dir bereits von dem hier herrschenden Jesuitismus erzählt habe, leicht denken, daß dieß kein gutes Blut unter den Protestanten setze — und so ist dann Intoleranz und Religionsverbitterung auf beiden Seiten. Ein Katholike kauft nicht leicht sein Brod bey einem protestantischen Bäcker; läßt bey keinen Protestanten — wenn er die Wahl hat — arbeiten; wohnt so leicht bey keinem Protestanten im Hause — und umgekehrt. Ein Glück für Protestanten ist es, daß der Nervus rerum gerendarum auf ihrer Seite ist, wodurch die Katholiken, die meist in Armuth leben, gewissermaßen von jenen abhängig gemacht, und in Demuth erhalten werden: sonst dürfte wahrscheinlich der Fanatismus öfters in helle Flammen ausbrechen.

Von den hiesigen unzähligen Religionsmis̕brauchen will ich dir nur Folgendes ausheben. Ein Schuldiger kann sich aus aller bürgerlichen Strafe ziehen, wenn er zur andern Religion übergeht; die ihn sodann allemal in ihren Schutz nimmt. Dadurch wird öfters der größte Unfug und ein wahres Spiel mit der Religion veranlaßt. Viele treten nur in so lange zur gegenseitigen Religionsparthey, bis sie geborgen sind, und springen dann wieder auf die vorige zurücke, die, unter diesem Bedingnisse, ihnen gerne alles vergiebt. Und so geschlehts, daß mancher zwey-dreymal von einer Religion zur Andern überhüpft; und die Religion wird solchergestallt zum Unterschleif für alle Bübereyen herabgewürdigt.

Die Wallfahrten darf ich doch wol nicht vergessen, die hier, besonders nach dem Berge Andechs, gar fleissig im Gange sind; wohin die augsburger Katholiken, jährlich an einem gewissen Tage, mit Pilgermänteln und Pilgerstäben, unter der Anführung eines Exjesuiten — feyerlich wallen.

Der Bischoff, der den Unfug dieser Pilgeschaft insbesondere zu Herzen nahm, ließ, um sie abzustellen, seinen Schäflein von dem heil. Vater einen gar kräftigen Ablaß kommen, den dieser der hiesigen Domkirche auf das Fest der Himmelfahrt Christi, von der nämlichen Qualität, wie jener auf dem Berge Andechs, mittheilte. Allein der Bischoff hatte vergessen, daß sich hier nicht eben die kostbaren Reliquien, wie auf dem Berge Andechs befinden; als da sind: die Hälfte vom Schweistuche, womit sich Christus am Oelberge abtrocknete — dieß Heiligthum hat man einer Mauß zu danken, die einen Zettel am Halse trug, worauf geschrieben stand, daß unter dem Altar der Kapelle ein Heiligthum verborgen sey; Jacob Dachauer, ein barfüsser Mönch jagte ihr den Zettel ab, grub nach und fand es! — ein Büschel Haar von der h. Maria, einige Stücke von ihrem Rocke, ihrem Gürtel; ꝛc. das Brautröcklein der h. Elisabeth; ein Stück von einem Finger des h. Joseph; drey Zähne und ein Kienbacken des h. Johann Baptist; ein Stokzahn der h. Magdalena; einige Dornen, worin der h.

Benedict sich, wälzte — u. d. m. Da nun diesem Mangel nicht so leicht, als dem Mangel des Ablasses abzuhelfen war, so blieb eben die Wallfart nach dem belobten Berge An d e ch s in ihrem Fortgange: denn die Jesuiten schrien Zetermordio! und die Bürger mit den fanatischen O b e p e r n an der Spitze — die immer in solchen Fällen das Haupt der Represenanten und des Unfugs Vorlauf sind — erklärten ein-für allemal, daß sie sich ihre Wallfahrt durchaus nicht nehmen ließen. Ein Exjesuite, der Domprediger Z e i l e r, dem man von Vikariatswegen bedeuten ließ, er mögte von der Kanzel das Volk belehren, daß es besser sey der Obrigkeit gehorchen, als Wallfahrten gehn, erklärte sogar: daß er es nicht thun könne; denn er sey n i c h t davon überzeugt — und kurz! alles was der Bischoff erhielt, war, daß das weibliche Geschlecht von dieser Andacht ausgeschlossen seyn sollte; weil man bemerkt haben wollte, daß das F l e i s ch sich eben so sehr, als d e r G e i s t dabey versündigt hatte.

aber „Stop my dear Oncle Toby! Stop! go net one sad fearder of the bewildered treak."

trenk." Ich habe Dir, denk' ich, genug von Augsburg geschrieben. Wenn Dirs lieb war, zu lesen: so dank' es dem Zufall,*) der mich hier länger, als gewöhnlich zurück hielt, und mir daher auch mehr Muſſe zu sammeln gab. —

Von meinen Bekanntschaften und einigen Karakteren darunter ein andermal. Unter dem Adel hab ich einen einzigen Mann von Verstand gefunden, und dieß ist der Provikarius de Hayden. Das Uebrige ist, vom Stadthalter bis hinab, Pöbel; einen gewiſſen Baron U — den man mir sehr rühmte, ausgenommen, den ich aber, Abwesenheits halber, zu meinem Leidwesen nicht konnte kennen lernen. Leb wohl!

*) Welcher Zufall dieß war, gehört unter die Dinge, die ich weg ließ; weil sie meine Leſer nicht intereſſiren.

Zürich....

Man kömmt von Augsburg hieher durch das Paradies Teutschlandes; ich meine das Würtemberger Land. Die Natur hat hier ihr ganzes Füllhorn ausgegossen, und die Erde mit Fruchtbarkeit aller Art gesegnet.

Der Herzog ist einer von den sonderbaren Menschen, die von einem Aeussersten zum andern übergehen, und nie die rechte Mittelstraße zu halten wissen. Vormals verschleuderte er ungeheure Summen für Mätressen, Gebäude, üppige Festins u. s. w; jetzt verschwendet er oft nicht weniger für eine alte Bibel und für Bibliotheken. Seine Oekonomie gränzt übrigens nahe an Kargheit.

Das Militär, das ehehin sein Stolz, seine Pracht war, zieht jetzt in ganz abgeschabten, schmutzigen Monturen, worin nicht selten große Flecke von andern Tuche eingeflickt sind, mit grindigen, vom Staube grau gewordenen Hüten, niedergeschlagen und gedemüthigt einher. In Stuttgart wohnte meinem

Logis gegen über, ein Hauptmann, der täglich, wie ich aus meinem Fenster beobachtete, mit dem frühesten Morgen aufstand, und den ganzen Tag hindurch Filet strickte, um sich und seiner Gattin hinreichenden Unterhalt zu verschaffen. Als ich meinem Wirthe meine Verwunderung darüber zu erkennen gab, sagte er mir, daß dieß unter ihren Offizieren nichts seltenes sey. Viele drängen sich in Gasthöfen und Koffeehäusern an Fremde von Ansehen; erbieten sich, ihnen die Merkwürdigkeiten zu zeigen Bekanntschaften zu machen, auch wohl ein hübsches Mädchen zu verschaffen, um das für ihren Magen durch eine gute Mahlzeit oder ein Glas Wein zu stärken.

Widersprechend ist es in dem Betragen des Herzogs, daß er, ohngeachtet seiner angenommenen Liebe und Hochachtung für Wissenschaften und Gelehrte, diesen gleichwohl auf die unanständigste Art begegnet. Nicht allein mit den Professoren seiner hohen Karlsschule — diese müssen sich solche Erniedrigung sogar von dem, der Akademie vorgesezten Staabsofficier gefallen lassen — sondern auch mit aus-
wärti-

wärtigen Gelehrten, spricht er mit Er. Dies
gab zu einem drolligten Auftritte zwischen ihm
und Gökingk Anlaß. Der Herzog, der
ihn zu sich hatte rufen lassen, redete ihn an:
„Ist Er Gökingk?" — „Ihro Durchlaucht"
versezte dieser, „Gökingk heißt nicht Er!" —
Ueber Schubarten, diesen sonderbaren
Menschen, muß ich dir ein Paar Worte sagen. Er besitzt ausserordentlich viel flüchtiges
Feuer, eine Lebhaftigkeit und Hitze der Einbildungskraft, die oft nahe an Tollheit gränzt,
und viel Witz und Laune. Desto mehr mangelt es ihm an gesetztem Verstande und an Ue-
berlegung. Er vertheidigt heute, was er ge-
stern bestritt; und beides ohne tiefe Forschungskraft, mehr durch blendenden Witz, als durch
standhafte Gründe. Dieselbe Unstetigkeit ga-
ben Leute, die ihn genau kennen, seinem ganzen übrigen Karakter Schuld, und durchgehends
ist er daher in St. für einen Mann von einem sehr zweydeutigen Herzen bekannt; woran aber gewiß nicht Grundsätze — denn diese
hat er nicht — sondern die Flüchtigkeit und das
Feuer seines Temperamentes Schuld haben,
das

das ihn freylich zu manchen Verirrungen des Geistes und Herzens hinreißt.

Aus dieser Schilderung wirst Du bemerken, daß Schubart als Teutscher betrachtet Original, und ganz das Gegenstück vom Teutschen ist, dessen Eigenschaften, gesetzter Ernst, mehr Verstand als Witz und Festigkeit des Karakters sind. Aeuserst drollig läßt es daher, wenn dieser Mann bey jeder Gelegenheit den Teutschen spielen will, bey jedem dritten Worte den Teutschen im Munde führt, und sich mit teutschem Karakter, teutscher Mannskraft ꝛc. bläht — er, der doch vom Teutschen so gar nichts hat, als — daß er eben so stark trinkt!

Seine größte Stärke hat er im Klavier, das er mit einer ganz eigenen Fertigkeit und Empfindung spielt. Er ist dabey ganz Harmonie und Feuer, und reißt das Herz in gewaltsamen Ströhmen mit sich fort. Aber seine Lebhaftigkeit geht auch hier öfters in Karrikatur über; und ich sah ihn, daß er vor Affekt mit Fäusten ins Klavier schlug. Er würde Vog-

kern hinter sich lassen, wenn er mehr Manier in seinem Spiele hätte. Seine Komposition in der leichten Musik ist eben so vortreflich, als sein Spiel.

Der Herzog hat ihn daher itzt zum Direktor der Musik und des Theaters gemacht. Aber beym letztern steht Schubart gewis nicht an seinem Platze: denn es fehlt ihm hiezu ganz und gar an Anstand, Manieren und aller äusseren Politur.

Und Schubart — der teutsche Mann — der nichts, als Feuer sprudelt — konnte die unmenschlichen Hände, die ihn so grausam züchtigten, ehrerbietig lecken, und zahm wie ein Lämchen, das Brod daraus fressen!!... Dieß ist doch wohl kein Zug von teutschem Karakter? .... O Zeiten! o Menschen! —

Die erste merkwürdige Stadt, in die man aus dem würtemberger Lande kömmt, ist Schafhausen, die Gränzstadt der Schweiz.

C 5   So

So bescheiden diese Stadt neben ihren Nachbarinnen dasteht: so verdient sie doch vor vielen andern besonders gerühmt zu werden. Sie zeichnet sich vorzüglich durch ächtes unverdorbenes Gepräge von Schweitzerkarakter, so wie durch ihre innere Einrichtung, Ordnung, Ruhe und Wolstand, aus. Wolthätigkeit, Redlichkeit, Menschenliebe, Dienstfertigkeit und Gefälligkeit sind unverkennbare Züge des Erstern.

Unter den Gelehrten dieser Stadt zeichnet sich besonders Prof. Metzger, ein junger, liebenswürdiger Mann, der die Geschichte lehrt, aus. Seine Schwester weiß — ein unerhörtes Beyspiel! — die ganze Messiade versweise auswendig.

Das bekannte Meisterstück der Baukunst die Rheinbrücke ausgenommen, ist in der Stadt weiter nichts merkwürdiges zu sehen. Das Interessante der Gegend ist der Rheinfall.

Ich will mich nicht bey einem Gegenstande aufhalten, der schon so oft und so mannigfaltig

faltig von Euch beschrieben, besungen, bewundert ward. Keins Eurer Dichterlein kömmt in die Gegend; oder es kriegt hier Konvulsionen, und macht Verselein über den Rheinfall, und kein Meistersänger reißt vorbey, oder er stimmt hier seinen Hochgesang an, und schreit sich heiser. Ich für mein Theil sage Dir plan und platt, daß mirs hier wieder gieng, wie bey so vielen Dingen, die ich aus Reisebeschreibern kannte: ich fand das nicht, was ich erwartete. Gleichwohl ists ein frappantes Bild von Wildschönheit; wie Vater Rhenus schäumend und fürchterlich brüllend sich über haushohe Felsen herabstürzt, die majestätisch und bogenförmig, ihr stolzes unerschüttertes Haupt, über ihn empor heben, und seiner Wut zu trotzen scheinen — wie die Erde unter seiner Gewalt bebt — das Wasser hoch in die Höhe stäubt — und Millionen Farben beym Scheine der Sonne, in dem Gestäube des Wassers sich mahlen! . . . .

"Ich traf hier ein Paar meiner Landsleute, den Lord H. und Lord R. die auf ihrer Rückreise aus der Schweiz begriffen waren; wir
machten

machten einen sonderbaren Versuch mit diesem Wasserfalle. Wir kauften nemlich um einige Guinees ein lebendiges Schwein und einen Fischernachen; legten das Schwein in den Nachen, und ließen es so von dem Strohme hinabtreiben. Die Bauern warteten schon unterhalb des Falles, in Kähnen, mit Stangen und allerley Werkzeugen, voll Begierde, das Schwein gehörig zu salutiren. Aber Schwein und Kahn wurden zerschmettert, und nur die einzelnen Trümmer des Letztern präsentirten sich ihnen.

Der erste Gasthof ist hier die Krone. Aber man macht teuflische Rechnung da. Das Schiff verdient deswegen vorzüglich empfohlen zu werden.

Von Schafhausen hieher fuhr ich einige Stunden weit auf dem Rheine; dann giengs zu Lande. Schon hier (in Zürich) wird einem Beobachter die Bemerkung recht auffallend, wie viel der Nationalkarakter der Schweizer von seinem eigenen alttéutschen Gepräge verlohren hat; wie sehr jene glückliche
Einfalt,

Einfalt, jene biedere Treuherzigkeit, der Nati‑
on durch den Umgang mit Ausländern, be‑
sonders Franzosen, daraus verwischt worden
ist, und wie sogar auch unter diesem Volke
teutscher Mannsinn erschlaffet. Hier durch‑
kreuzen sich die frappantesten Kontraste von
schweizerischer Einfalt und französischen Ge‑
ziere. Da siehst Du z. B. einen Bauer mit
Schweizerhosen, hohem runden Schweizer‑
hute — und einem zierlichen französischen Pa‑
rasol nach der Stadt spazieren. Der kleinste
Krämer, der etliche französische Worte plap‑
pern gelernt hat, wird Dich sicherlich nie an‑
ders, als in dieser Sprache anreden. Selbst
der teutsche Dichter, der verstorbene Geß‑
ner, grüßte mit einem sinnlosen, oft wieder‑
holten: Vôtre très humble Serviteur, das er
mit tausend Kratzfüßen und einem läppischen,
französirenden Geziere begleitete. Doch es
war schon ein böses Omen, daß er seine Ge‑
dichte mit französischen (d. i. lateinischen) Let‑
tern abdrucken ließ.

Niemand, auch kein Gelehrter, sucht in‑
zwischen hier seine elende Provinzialsprache zu
ver‑

verbessern. Sie sind vielmehr noch dreiste genug, die Frage aufzuwerfen: ob nicht die schweizer Sprache der Sächsischen vorzuziehen sey?

Lavater, der auf der Kanzel, wie im Umgange, den gemeinsten Pöbelsdialekt spricht, gab sogar Gedichte in dieser Provinzialsprache heraus. Doch, was that auch Lavater nicht? der Mann mit dem besten Herzen, aber mit dem schwachen Kopfe, der noch dazu durch Originalsucht und Eigenliebe schwindelnd geworden ist? Genug, daß Er es ist, der Aussichten in die Ewigkeit schrieb, und die Betrügereyen Gaßners vertheidigte!......

Eine Anekdote aus Lavaters Jugend verdient indessen bemerkt zu werden, die ein Beweis von der Güte und Wärme seines Herzens ist. Er war es, der ehemals in Verbindung mit Diakonus Heß, dem Verfasser der Lebensjahre Jesu und dem Mahler Füßli, sein Vaterland von dem Joche eines tyrannischen Landvogtes befreyte — und wie?

wie? Sie verfaßten einen Aufsatz, worinn die Bubenstücke des Landvogtes entdeckt, und die Väter der Stadt zur Hülfe aufgefodert wurden; dabey erboten sie sich zum Beweise: wenn man ihnen ihre Sicherheit garantiren würde. Diesen Aufsatz ließen sie in Lindau heimlich abdrucken, und streuten ihn dann in Zürich aus. Der Erfolg war: daß der Landvogt die Flucht ergriff; sie ihre Beweise unter öffentlichem Schutze glücklich durchsetzten; aber um der Methode wegen, womit sie zu Werke gegangen waren, auf drey Jahre das Concilium abeundi bekamen.

Lavater flüchtete darauf zu Spalding, der ihn einige Zeit nachher mit sich nach Berlin nahm, wohin damals Spalding den Ruf erhalten hatte. Dort hatte Lavater Gelegenheit, mit verschiedenen Gelehrten bekannt zu werden, und sich in Verbindung mit ihnen den ersten Schwung zu geben: wie er dann gleich mit Mendelsohn anband, und sich in gelehrten Streitigkeiten vor der Welt mit ihm herum balgte: wobey er nun bekanntermaßen freylich keine Lorbeere davon trug; aber

doch

doch den Vortheil, der Welt bekannt zu werden, und die Ehre, die ein Blessirter im Gefechte mit einem Renomisten hat.

Dieß ist die erste Entstehung des Mannes, der ein vortrefliches Herz, lebhafte feurige Einbildungskraft, aber nicht die kleinste Stärke des Geistes hat, und der in unserm Jahrzehende, durch schwärmerischen Unsinn Epoche machte. Sein Bildnis müßte, nach seinen eigenen Grundsätzen, diese seine Karakteristik rechtfertigen. Zum Unglücke kömmt kein Pinsel von Grafen, Fürsten u. d. nach Zürich, der nicht — entweder um gelehrt zu thun, oder zu seinem Spasse — Lavatern in seine Gesellschaft, und an seinen Tisch zieht; was durch dem guten Manne der Kopf noch schwindlicher wird. — Der Kaiser, als er durch die Schweitz reiste, gieng in einer Geselschaft, wo er ihn traf, auf ihn zu, indem er die ausgebreitete Hand vors Gesicht hielt.

Gleichwohl hat Lavatern seine Phisognomik schon böse Streiche gespielt. Z. B. eine katholische Weibsperson, die, wie man mir

mir erzählte, ihrer schlechten Aufführung wegen, aus Konstanz verwiesen worden war, kam nach Zürich; wandte sich an Lavatern, und nahm die Maske der Religion vor. Lavater dachte an ihr eine Eroberung für seine Kirche zu machen — denn Lavater ist — wie alle schwachen Köpfe — auch Proselytenmacher; unterstützte sie, veranstaltete Kollekten für sie — und sie! die Dirne hatte das Geld kaum, als sie verschwand! Von mehr dergleichen Beyspielen zu schweigen.

Nunmehr ist Magnetismus und Elektrizität sein Steckenpferd geworden, worauf er der Welt neuerdings auf eine drollige Art vorgallopiert. Ob er darauf festersitzt: will ich nicht entscheiden. Wenigstens hat er seine Frau verschiedenemale, im Angesicht Anderer, desorganisirt — und reorganisirt! ———

Gar einen liebenswürdigen jungen Mann hab ich noch hier kennen gelernt, einen Mann, der als Mensch, als Gatte, als Vater und als Gelehrter, gleiches Verdienst, gleiche Vorzüge besitzet. Es ist Professor Hottinger.

ger. Wenn ehliches Vergnügen, häusliche Freuden, vereint mit den Wissenschaften uns glücklich machen: so ist es Hottinger in einem hohen Grade; und die unter seinem Stande so seltne Art, wie er den Gelehrten mit dem Menschenfreunde, mit dem Ehemanne und Vater zu verbinden weiß, verdient, daß er es sey. Ein Wunder von einem Kinde ist sein Knabe, der ohngefehr sieben Jahre haben mogte. Ich glaubte, einen Liebesgott zu sehen. Das große, himmelblaue Auge voll Seele, die blonden Seidenhaare, die in dicken Locken um seine Schultern flogen, die einnehmende Bildung und der gute Anstand dieses Kindes überraschten mich mit angenehmen Erstaunen. Noch mehr aber war ich erstaunt: als der Knabe mit der ungezwungensten Art und der genausten Richtigkeit, auf jede lateinische Frage, die erst sein Vater und nachher ich an ihn thaten, lateinisch antwortete. Herr Professor versicherte mich, daß er dem Knaben diese Sprache blos nach basedowischer Methode, ohne Regeln und Auswendiglernen, im Diskurse so beygebracht habe. O mögten sich dieß alle lateinischen

schen Schulfüchse merken, die die Knaben auf gut jesuitisch, fünf, sechs Jahre hin durch damit quälen, ihnen die Köpfe mit lateinischen Regeln und Phrasen anzupropfen.

Sonst sind unter den Gelehrten hier noch anzumerken: Meister, Pfenninger, Heß, der Verfasser der letzten Lebensjahre Jesu. Auch die Naturaliensamlung des Kor: Herrn Geßner ist sehenswürdig.

Die Regierungsverfassung in Zürich ist aristokratisch. Manche benachbarte Städt ihres Gebietes seufzt unter dem Drucke dersel: ben. Stein am Rhein ist hievon ein Bey: spiel. Zürich ließ, aus einer nichtswürdigen Veranlassung, etliche hundert Bewaffnete in das Städtchen rücken, und die zween Bür: germeister desselben mit Gewalt nach Zürich — ins Zuchthaus bringen! Der Umstand, daß Stein am Rhein katholisch ist, hat — wie mich selbst Zürcher im Vertraun versicher: ten — nicht wenig zu diesem übereilten Ver: fahren beygetragen. Woraus Du nebenbey

von

von der Toleranz der aufgeklärten Herren Zürcher schliessen kannst.

Gleichwohl dünken sich diese Herren so weit se, daß sie öfters gegen andern Kantons auf den Katheder treten, und diesen, in vorkommenden Fällen, Lektion lesen, und Lehren geben.

Die Gegend ist durch die See und die hohen Eisgebürge, die sich im Hintergrunde zeigen, frappant schön; doch keine der schönsten in der Schweiz. Unter den Spaziergängen ist der Lindenhof, vorzüglich zu bemerken, wo sich die männliche Jugend der Stadt wöchentlich zweymal im Pfeilschiessen übt. Wie weit es die Schweizer darinn gebracht haben, kann man auf einem Bilde sehen, das da zum Gedächtnisse aufbewahrt ist, und die Geschichte eines alten Schweizers vorstellt, der auf Befehl eines tirannischen Landvogtes, seinem eigenen Sohne einen Apfel vom Kopfe schoß, ohne den Sohn zu verletzen.

Der

Der beste, und in der That ein vortreflicher Gasthof ist allhier das S ch w e r d. Man hat, nebst einer herrlichen Bewirtung, von da die reizende Aussicht auf den Zürcher See. Ausserdem ist aber nicht ein einziges mittelmässiges Gasthaus hier; denn im Raben, dem zweyten im Range, kann man, aus Mangel an einem Hofe, gar nicht einmal eine Kutsche unterbringen, und das ganze äussere Ansehen ist, so wie die Einrichtung und die Bedienung, elend.

Ueberhaupt kann man mit Rechte klagen, daß, ohngeachtet der vielen Reisenden in der Schweiz noch wenig dafür gesorgt worden ist, es ihnen gut und bequem zu machen.

Die auffallendsten Beyspiele dieser Polizeygebrechen sind erstlich, die große Theurung bey der gesegneten Fruchtbarkeit, zweytens, die meist schlechte Beschaffenheit der Gasthöfe, drittens, die vernachläßigte Einrichtung des Fuhrwesens. Keine Post in der ganzen Schweiz, wenig Botenkutschen und nur seltne und unzuverläßige Gelegenheit, Briefe fortzubringen.

Ich

Ich weiß zwar, was man gegen Posten und Botenkutschen in der Schweiz einzuwenden pflegt; allein sollte nicht wenigstens die Unbilligkeit der Lohnkutscher durch eine gewisse Taxe eingeschränkt seyn? Ist es nicht hart, einen Reisenden den unverschämtesten Forderungen dieses Trosses Preis zu geben, und ihm zugleich alle andere Gelegenheit zum bequemen Fortkommen zu entziehen? Denn warhaftig, die Forderung dieser Habsüchtigen, die den Vortheil gar zu gut kennen, den sie gegen den Reisenden in Händen haben, übersteigt allen Glauben; besonders wenn sie wissen, daß sie einen meiner Nation vor sich haben. Die teutsche Sprache, kam mir daher in der Schweiz besonders zu statten; und ich reißte meistens als ein Teutscher. Kömmt man aber auch sehr gelinde aus den Händen dieser Schupper, so kostet jede Station oder 4 Stunden, die man mit 2 Pferden fährt, richtig zwey französ. Thaler. Aber ich eile, um den eigentlichen Zweck meiner Reise, das Appenzell zu erreichen, und von diesem lieben Ländchen, das noch zu wenig in seinen Theilen bekannt ist, Dich zu unterhalten.

Im Appenzell......

Ich schreibe Dir am Fuße der appenzeller Berge im Innerrhoden, mitten unter diesen ländlichen, ruhigen Hütten, nach denen sich unser Herz so oft sehnte! Mein Wirth ist hier — denn ein Wirthshaus gibt es nicht — der Pfarrer, ein feiner, junger Mann mit einem aufgewekten Kopfe, der den Fremden von gewissem Ansehn die Höflichkeit erweißt, sie zu beherbergen, und dessen Umgang mein Vergnügen nicht wenig vermehrt.

Ich will mich nicht lange bey den Gegenden aufhalten, durch die ich hieher kam. Mein Weg führte mich von Zürich über Konstanz. Hier ist es, als ob der Geist des verbrannten Huß, den Fluch und die Strafe Gottes über die Stadt gebracht hätte. Ich habe keinen Ort gesehn, der das Gepräge von Noth und Armuth so deutlich an sich trägt, als Konstanz. Der Kontrast, den dieser Anblick, mit der lachenden, blühenden Gegend macht, ist ein auffallendes Schauspiel für einen Fremden. Doch wird villeicht

durch

durch die Ansiedlung der Genfer Fabrikanten der Ort bald ein blühenderes Ansehen bekommen; so wie auch freylich die schwäbische Einfalt der Sitten durch diese Vermischung sehr viel verlieren wird.

Der Zustand von Konstanz ist ein neuer Beweis dessen, was ich oben bey Augsburg von der Menge der Geistlichkeit in katholischen Städten sagte; denn auch hier wimmelts von Pfaffen in allerley Farben. Wenn ich diese Ehrwürdigen in ihren heiligen Montirungen sehe, fällt mir allemal die Stelle aus unserm Pope ein:

„Wort makes the Man, and want of the fellow;
„the rest is all but leather or prunella." *)

Aber Joseph II. arbeitet gottlob! daran, sie aus dem Wege zu räumen. Er machte bereits

*) Verdienst macht den Mann; und Mangel desselben — den Kerl. Das Uebrige ist all Priesterrock.

rekts mit den Dominikanern den Anfang; und diese wolgemästeten Mönche liegen den Tag hindurch am Fenster ihres neuen Wohngebäudes, und schauen mit wehmüthiger Erinnerung an die fröhlich durchschmausten Tage, auf ihre verlorne Insel, ihr ehemaliges Kloster, hinüber, die itzt einem Theile der Genfer Emigranten eingeräumt ist.

Ein Kostanzer Denkmal darf ich nicht vorbeygehn, das den Geist der Nation nicht wenig karakterisirt. Es steht in der Domkirche unter der Kanzel, und stellt die Figur von Huß in Steine vor, der gebeugt die Kanzel trägt. Ein lächerlicher Gedanke, die Kanzel errichtet auf Huß!... Aber nun denke Dir erst, wie dieser Huß über und über von dem frommen Geifer katolischer Seelen, so abscheulich bespien, und beklekset ist, daß man kaum ein Gesicht darunter erkennt. Man hat den armen Mann verschiedene Male reinigen und putzen lassen: aber bald war er wieder eben so arg zugerichtet, als vorher... Konnte der Fanatismus sich selbst ein schändlicheres Monument stiften

"Um Dich für das Aergerniß zu entschädigen, das Du darob genommen haben magst, will ich Dir gleich ein Kunstwerk zeigen, das man in Kreuzlingen, einer Abtey eine Viertelstunde von Konstanz, sieht. Es ist die Geschichte vom Leiden und Sterben des Herrn Kristus in Holz geschnitzt. Die Figuren sind ohngefehr anderthalb Schuhe lang. Die Gruppen sind aus einem Stücke. Die Natur und der Ausdruck in Mienen und Gebärden, die Karakteristik in den Gesichtszügen sind höchst bewundernswerth. Besonders zeichnet sich unter andern die Kreuzerhöhung aus. Das gewaltsame Ziehen, das affektvolle Anspannen aller Leibeskräfte — wie sichs in den aufgeschwollenen Muskeln, in den herausgetriebenen Augen, in den Verzerrungen des Gesichtes, so ganz nach dem Leben ausdrückt — diese und mehr dergleichen Szenen sind in der That seltne Meisterstücke ihrer Art. Nur Schade, daß sie dem Auge durch die Höhe worauf sie stehen, ein wenig zu weit entzogen sind. Freilich vermißt man hie und da die letzte Feile des Künstlers und das Kostüm.... Aber ist dies doch Genieeigenschaft!....

Der

Der Künstler, der in Konstanz lebte, hat das Werk gegen eine geringe, aber fortdaurende wöchentliche Abgabe von Getraid während seinem und seiner Gattin Leben, dem Kloster überlassen.

Der Prälat dieses Klosters ist ein sehr mäßiger, menschenliebender und leutseeliger Mann. Sein Oberamtmann, Herr Sulzer, ist nicht weniger ein Muster in seiner Art. Ein Zug von seinem vortreflichen Karakter ist, daß er die unumschränkte Gewogenheit des Prälaten, und das Wolgefallen, das dieser an seinem Umgange findet, nicht etwa, nach Art dieser Herrn, dazu benuzet, sich zu bereichern, den Prälaten und das Kloster in Schulden zu stecken; sondern Herz und Kopf des Prälaten auf die nüzlichste Weise zu beschäftigen und zu amüsiren, und ihn mit den besten Schriften bekannt zu machen; woraus er ihm gar oft selbst vorliest.

Unter den Gelehrten dieser Stadt zeichnet sich Professor Pitzenberger aus, der die Logik und praktische Philosophie lehrt, und in

Geſellſchaft mit Armbrüſtern das ſchwä-
biſche Muſeum weiland bearbeitete.

Wie lange werden noch die Verdienſte die-
ſes Mannes unbelohnt, und er das Opfer des
Fanatismus bleiben! der ihn ſchon unter Ma-
rien Thereſiens Regierung verfolgte,
und bey dieſer ſchwachen Frau Eingang gegen
den Mann zu finden wußte, aus dem Grun-
de: daß P. mit einem proteſtantiſchen Geiſt-
lichen aus der Gegend einen ketzeriſchen Brief-
wechſel unterhielte. P. reiſte ſelbſt nach Wien;
Legte ſeine ganze Korreſpondenz der verſtorbe-
nen Kaiſerin und Joſeph II. vor. Man konnte ſeine Unſchuld nicht verkennen, aber die
Sache blieb nach wie vor; und ſelbſt Joſeph II.
konnte noch bis dieſe Stunde den gedruckten,
verdienſtvollen Mann bey ſeiner kärglichen
Stelle, mit Frau und Kindern ſchmachten laſ-
ſen! ...

O, Ihr Marktſchreyer, ihr gedungene
Schmeichler der Fürſten! die ihr von nichts
als Menſchenliebe, Philoſophie und
beglükenden Anſtalten der Großen

in alle vier Welten trompetet — hört solche Züge unseres Jahrhundertes, schämt Euch, und verstummt!

Von Konstanz kam ich nach St. Gallen, wovon ich Dir nur kürzlich sagen will, daß das geistliche Seminar allda, welches katholisch ist, und unter einem gefürsteten Abte steht, eine sehr schöne und nieblich eingerichtete Bibliothek hat, die noch besonders wegen verschiedenen Alterthümern und Msspten sehenswürdig ist, und daß ich hier Verwandte Deines geliebten Zollikofers habe kennen gelernt, die aus diesem Geschlechte sind.

Von den Bergen, zwischen denen die Stadt liegt, hat man von der einen Seiten eine frappantschöne Aussicht nach dem Appenzelle und dem Bodensee. Als ich mich so nach meiner Art, die Du kennst, einsam darinne verstieg, ward ich auf einmal durch den Ton einer Violine unterbrochen, die mir aus einer einsamen Hütte frohe Tänze entgegen tönte. Meine ganze Seele ward Harmonie, und ich trat hinein — und sieh da! einige Mädchens und

Bau-

Bauernburſche tummelten ſich nach Herzensluſt
dabey herum. Sie ſtutzten, anfänglich, als ſie
mich ſahen; allein, da ich mich gleich ganz zu
ihnen herunter ließ, ſo wurden ſie vertraut,
und ein Mädchen bot mir ihre Hand zum Tan-
ze. Das war gerade nach meinem Herzen.
Ein Bauerburſche ſtimmte den Tanz an:

'Appezeller Mädele, wie macheſt Du de Käß?
Du thuſt 'n in ä Kübele
Und druckſt 'n mit 'm F... le
Drum iſt der Käß ſo raß (herb)

und ich ſtürmte mit dem Mädchen frohlockend
in die Reihen, und ſchnurrte damit herum,
daß mir der Schweis über die Stirne rann —
und ſie lächelten, daß ich's nach ihrer Weiſe
nicht ſo gut zu machen wußte, als ſie. Von
ihrer Tanzart ſollſt Du weiter unter beym Appenzelle hören.

Ich ſchwöre Dir, daß mir auf keinem Ball-
pare in London und Paris ſo wohl war, als
hier. Ich hätte unmittelbar hierauf keinem
Theaterballet, noch einer Redoute beywohnen
mögen: ſo ſehr fühlte ich das Abgeſchmackte, das

Mechanische derselben und den Werth der Einfalt und Natur in diesem ungezwungenen Ausdruck ländlicher Freude. Ich drückte den guten Leuten mit vollem Herzen die Hände, legte ein Paar Goldstücke auf den Tisch, und verließ sie.

In St. Gallen packt' ich mich sammt meinem Bedienten und meinem Mantelsacke auf ein Paar Pferde; auf einem Dritten saß der Herr der Pferde, und so ritten wir — denn fahren kann man diesen Weg nicht — nach Geis, einem Dorfe im Appenzell, wo man im Sommer das Bad, womit der Ort versehen ist, und die Milchkur gebraucht. Hier ließ ich meinen Bedienten sammt Bagage, und setzte meine Wanderung alleine nach den Gebirgen fort, wo ich itzt herum krabble.

Der Kanton Appenzell wird durch einen Fluß, Rhoda genannt, in zwey Theile getheilt, jenen Außer-Rhoden und diesen Inner-Rhoden — so heißt dieser, wo ich mich itzt aufhalte. Und dies ist eigentlich der Schauplatz all der Seeligkeiten.

Wie

Wie überhaupt die Verschiedenheit der Sitten und Karaktere in den Schweizer Kantonen einen sehr seltsamen Kontrast machen; so auffallend ist insbesondere der Abstand, der in diesem einzigen Kantone zwischen In = und Außer = rhoden herrscht. Stelle Dir vor die nakteste Simplicität mit dem Lux; die roheste Natur mit der Kunst; das äusserliche Ansehn von Armuth, mit den sichtbarsten Merkmalen eines blühenden Wohlstandes im Kontraste: so hast Du das Bild dieser beiden Theile unseres Kantons. Um das Gemälde dieser Kontraste zu vollenden, sind auch beide Theile dieses Kantons sogar verschiedener Religion: Innerrhoden katholisch, Außerrhoden protestantisch.

Die Bewohner Außer = Rhoden nähren sich vom Musselinmachen und alle Bauernhäuser sind eben soviel Manufakturen davon. Nirgends ausser England und Holland, hab ich unterm Bauervolke so schöne zierliche Häuser gesehen. Fast alle sind groß, von Steinen erbaut, sehr viele mit französischen Dächern; Schloß, Klinke und Kriff daran mit glänzendem

dem Messing beschlagen, gleich den Häusern der Vornehmen in der Stadt. Man findet sogar auch hübsche Einrichtung darin, und wenige sind, die nicht ihr Silber, als, Messer, Löffel und Gabeln haben.

Aber nur einen Schritt von ihnen über den Fluß: so siehst Du den schnurgeraden Gegensatz von all dem. So nahe die Bewohner dieses Theils an jene gränzen: so weit sind sie von ihnen in Absicht auf Lux und Industrie entfernt. Das ganze Land ist Wiesenfeld; und das Volk nährt sich ganz und alleine von Viehzucht und dem was hievon abfällt, als Butter, Käse ꝛc. Hier ist es Freund! wo Du die ächte Simplicität und Unschuld Arkadiens so ganz findest, daß Du wirklich glaubtest, darinne zu seyn, wenn Dich die schmutzigen Kittel nicht erinnerten, daß es keine Schäfer sind.

Sie wohnen in kleinen, niedrigen Hütten, die in einen weiten Thale, in einer Entfernung von etlichen hundert Schritten eine von der andern liegen. Des Sommers wohnen die Mannsleute mit dem Viehe auf den hohen Alpen, die rings umher das Thal einschließen, und nur die Weiber bleiben im Thale. Ihre Hütten allda sind in der Mitte durch eine Scheidewand in zwey gleiche Theile getheilt; den Einen bewohnen sie, den Andern ihr Vieh. Ihre Betten sind Heu; ihre übrigen Möbels, ein Paar Klötze, die ihnen statt Tisch und Stühle dienen; meistens aber sitzen, oder liegen sie aufm Boden im Heu oder Grase umher. Ihre Nahrung ist nichts, als Butter, Milch und Käse. Warmes genießen sie gar nichts, als die Schotten (Molken) von Geis- und Kühemilch. Ihre Kleidung besteht in einem leinenen Kittel, der vom Fette, beym Butter- und Käsemachen, ganz beschmutzt ist.

Man darf aber daraus keineswegs schließen, daß das Volk arm sey, und aus Noth etwa solche Lebensart wähle; es sind im Gegentheil durchgehends wohlhabende, meist sehr bemittelte, mitunter auch reiche Leute: denn der Absatz ihrer Käse und Butter wovon sie wöchentlich starke Lieferungen auf Maulthieren in alle

le umliegende Gegenden machen, ist sehr beträchtlich. Einer unter ihnen, der täglich die Geisschotten, auf das, zwo Stunden davon entlegene Dorf, Geis, den dort versammelten Kurgästen bringt, dieser Mann, der daher nur der Schottensepple genannt wird, soll allein sich ein Vermögen von mehr als zehntausend Gulden erworben haben.

Wie sehr die Einfalt der Lebensart auf die Sittlichkeit wirke, und wie wahr es sey, daß jene immer mit Tugend und Unschuld gepaart gehe: davon kann mein Völkchen hier einen Beweis abgeben. Unmöglich kann in der platonischen Republik eine reinere Moralität herrschen; unmöglich kann alle Staatskunst eines Solon, alle Gesetzgebung eines Lykurg mehr sittliche Unverdorbenheit, mehr Reinigkeit des Herzens hervorbringen, als Natur und Einfalt unter meinem rohen, glücklichen Völkchen schuf. Hier hört man nichts von Diebstal, Raub oder Mord; nichts von Hurerey und Ehebruch u. d. Ich fragte einen rüstigen Bauerkerl, der mich auf den Bergen führte: ob die Bauerbursche hier auch karessirten? — Dies Wort

Wort mußt ich ihm erst erklären — Herr, fieng er drauf an, wir karressiren nicht viel: wenn einer á Maidle — heist in ihrer Sprache ein Mädchen — gerne hat: so nimmt er sie zum Weibe. — Gibt es eine reinere Moral, als diese? In der That bekräftigte mir auch der Pfarrer, daß er, seit den langen Jahren seines Pfarrdienstes, kein Beyspiel von einem geschwängerten Mädchen wisse.

O, Natur! o Einfalt! wie lange wird man Euch noch verkennen? wie lange wird man Euer Lob noch vor poetische Figuren, oder vor schwärmerische Deklamationen halten? Wie lange wird man noch die Staatsklugheit, die Religion und Moral ausser Eurem Kreise suchen? O Ihr Kinder des Himmels! wie lange werden die Menschen noch an Euren Werken pfuschen? Kann Eigenliebe sie so sehr bethören, daß sie glauben, sie können alles besser machen, als Ihr? Und habt Ihr deswegen Euch zurücke gezogen unter dieses einsame Völkchen, in diese, für Pferd und Wägen unzugangbare Gegenden; damit Euch keine steifen Klüglinge, keine üppigen Wollüstlinge

ge der Städte verscheuchen, die, zu vornehm auf ihren zwey Beinen zu gehen, nur in Wägen daher zu rasseln gewöhnt sind? Nun so wandelt dann Hand in Hand, Gespielinnen der Götter? wandelt immer in diesen trauten, seligen Gefilden, und segnet mein Völkchen hier, das Euch unter sich Zuflucht und Aufenthalt gab, den Ihr anderwärts auf Erden vergebens suchet.

Aber ich gerathe in Deklamation und Verzückung. — Der ganze Kanton hält sechs Stunden im Durchschnitte, ohne die Alpen, die zwey, drey, bis fünf Stunden hoch und sehr steile sind. Der Zugang ist auf den Meisten gefährlich und fürchterlich. Man hat nicht den kleinsten Pfad und nicht einmal soviel Raum, als nöthig ist, einen Fuß zu setzen. So klettert man auf Steinen und Klippen an ungeheuren Abgründen her, deren Anblick alleine den Kühnsten schaudern macht. Ein Fremder nimmt daher gewöhnlich einen Bergstock, der hiezu besonders mit Stacheln versehen ist, und einen Führer mit sich, der ihn in Gehn unterstützet. Mit Erstaunen sieht man,

man, wie diese Leute am Rande der entsetz=
lichsten Abgründe, über die ungangbarsten ge=
fährlichsten Stellen, mit einer Fertigkeit und
einer Zuversicht weg laufen, als ob sie auf
ebenem gebahnten Wege giengen. Eben dieß
thut die Gewohnheit auch am Viehe; wiewohl
hievon manche Stücke schon todtstürzten.

Aber für diese Gefahren und Beschwerlich=
keiten wird man reichlich durch all das unnen=
bar Schöne und Herrliche entschädigt, wo=
von man auf diesen Bergen überrascht wird.

Ein ewiger, nie verschmelzender Schnee
macht hier einen wunderbaren Abstand mit
den nebenliegenden fruchtbarsten, fettesten
Waiden. Und die Aussicht — wer kann die
beschreiben? Jede Bemühung dient nur da=
zu, die Vorstellung davon abzuspannen. Man
glaubt, die ganze unermeßliche Schöpfung mit
all ihren unendlichen Mannigfaltigkeiten zu
übersehen; das Auge verschwimt sich in einer
unübersehbaren Ferne, und das Herz schwillt
hoch; die Seele fühlt ihre Einschränkung, und
mögte sich auflösen, um in diesem Meere von

Se=

Seligkeiten zu schwimmen, und dieß All mit einem Male zu umfassen. Bruder! ich kan dies Gefühl nicht so recht ausdrücken — Du verstehst mich, Du hast Sinn für so was. Kurz; ich habe hier empfinden gelernt, wies einem seyn muß, der sich in der Spannung all seiner Sinne, vom hohen Thurme stürzt. Und hier unter uns gesagt, Bruder! — denn es gibt Leute, die mich darum vor einen Schwärmer halten könnten — wenn ich einmal Lust zu sterben habe — von so einem Berge herab stürzen will ich mich! Behüte Dich Gott Bruder, daß Du mir dies keinen Spleen heisest!

Das ganze weite Thal mit seinen Hüttchen ligt unten wie ein Dorf; denn auf der Höhe der Berge wird man den weiten Raum zwischen jeglicher Hütte nicht gewahr. Sie hängen daher, dem Anscheine nach, alle zusammen, und bilden ein ganzes. Der Höchste unter den Bergen, ist der hohe Meßmer. Die übrigen heisen: der hohe Kasten, der Schäfer, der Altenalp, der Ebensalp, der Klus, der Kamorberg.

E 4 Die

Die vorzüglichsten Bemerkungen, die ich auf unseren Wanderungen allda gesammelt habe, sollst Du nächstens erfahren.

An der Kirche, dem Pfarrhofe, wo ich wohne gegenüber, fand ich eine Innschrift über der Thüre in Stein gehauen, die das Andenken der edlen Appenzeller — es waren auch Innerrhoder — verewigt, welche zuerst mit Löwenmuthe die Fesseln der tyrannischen Landvögte zerbrachen, und ihr Joch abschüttelten. Durch ihr Beyspiel aufgemuntert, thatens die andern Kantons ihnen nach, und verschaften sich die Freyheit, der sie itzt genießen. Die Appenzeller und zwar die Innerrhoder, sind also die Urheber der schweizer Freiheit! Leb wohl.

Lindau....

Ich habe nun meine Wanderungen durch diesen Theil der Schweiz mit der Andacht eines Pilgers vollendet, und ich säume nicht, Dir von den interessantesten Erscheinungen, die mir aufstiesen, Bericht zu geben.

Mein liebreicher Wirth, der Pfarrer, hatte die Gefälligkeit, mich auf all meinen Zügen zu begleiten; und seine Kentniß von der Gegend und sein Beobachtungsgeist, halfen mir nicht wenig auf die Spur. — Ehe wir den Ebenalp erreichten, kamen wir an eine Einsidley auf dem Berge, die von einem Klausner bewohnt wird; daneben ist eine weite, herrliche Felsengrotte, die ehmals ein heidnischer Tempel war, und nun — eine katholische Kirche ist, die zur Einsidley gehört, insgemein das Wildkirchlein genannt. Von da kömt man noch tiefer durch den Felsen in zwey andere noch gröfere und schönere Grotten. Die Natur hat sie so hoch und so vortreflich gewölbt, als die Kunst nur hätte thun können, und die ganze Zeichnung ist malerisch schön. Es ist hievon in Zürich ein Kupferstich mit einer weitläuftigen Beschreibung erschienen.

Von hier aus kletterten wir auf einem schroffen, ungangbaren Felsen, an ungeheuren Abgründen, worin der See fließt, nicht ohne Lebensgefahr, weg.

Hier pflegen auch wohl Fremde beym Einsiedler oder in den Hütten im Heue zu übernachten, welches wegen der balsamischen Ausdünstungen der besten, seltensten Kräuter, der Gesundheit ausnehmend zuträglich ist. Es kommen daher öfters Kranke, die an der Lunge leiden, und da zur Kur auf dem Heue schlafen, die reine Bergluft geniesen, und Schotten und Milch trinken. Gewöhnlich hat dies auch — wenns mit der Krankheit noch nicht zu weit gekommen ist — den besten Erfolg. Eben zu meiner Zeit befand sich wirklich ein Fremder in dieser Absicht auf den Bergen. Und wahrhaftig verdient diese Kur in ähnlichen Fällen vor allen empfohlen zu werden. Aber der Mensch ist nun einmal so geartet,

artet, daß er auch sogar seine Gesundheit lieber in der Kunst sucht, als in der Natur.

Man findet hier Kräuter, die durch ihren balsamischen Wolgeruch alle Blumen unserer Gärten übertreffen. Verschiedene davon wachsen zwar auch in ausländischen Gegenden, aber sie haben da ganz und gar keinen Wolgeruch. Ich habe einige gepflückt und mit mir genommen, die noch ihren Wolgeruch haben; ohngeachtet ich sie schon über vier Wochen in meiner Brieftasche trage, und sie bereits zum zerstüben dürre sind. Eins davon, das man auch außer der Schweiz, doch ganz ohne Geruch auf den Wiesen findet, wovon ich daher auch den Namen nie gehört habe, das aber im Appenzell das Kälble genannt wird, war mir wegen seinem Geruche besonders merkwürdig. Es ist der wahre Storaxgeruch, eben so stark und noch lieblicher. Das Haupt des Blümchens ist braun, und in der Peripherie unserer Gänseblümchen; seine Blätter sind kurz, spitz und dichte an einander.

Mit

Mir thuts leid, daß ich nicht Botaniker genug bin, um alle die Seltenheiten im Pflanzenreiche dieser Gegend genau zu zergliedern, und ich wüschte von Herzen, daß ein Mann, der die hinlänglichen Kenntnisse in der Botanik besitzet, diese Reise unternäme, und sich ganz und alleine mit Untersuchung des Pflanzenreiches beschäftigte! Wie weit sind wir noch in dieser Wissenschaft zurücke! und welche wichtige Endeckungen für Leben und Gesundheit ließen sich nicht in diesen Gegenden darinne machen! Gewis und ausgemacht ist es, daß die wolthätige Mutter Natur gegen jede Krankheit auch wieder ein Kräutchen hervorbringt — und wir, wir gehen, mit emporgerichtetem Halse, stolz drüber weg, tretens unachtsam mit Füßen, und lesen, und suchen darnach — in Büchern! O Büchergelehrtheit! Büchergelehrtheit! aufgeblasene Bastarte des menschlichen Geistes! wirst Du nie aufhören der Natur Deine dickhäutige Stirne zu bieten, und die Menschen von ihr zu entfernen??........

Auf

Auf dem Kamorberge sieht man den Schlund einer, wegen ihrer entsetzlichen Tiefe merkwürdigen Berghöle, genannt das Wetterloch. Die Mündung davon hält nicht mehr als ohngefehr fünf Schuhe in der Rundung. Wie ungeheuer aber die Tiefe sey, läßt sich daraus bemessen: ein Felsenstück von ohngefehr 50 Pfunden, das wir hinein wälzten, hörte ich zwey und zwanzig Pulsschläge lange fallen. Und dann kann ich noch nicht sagen, daß es aufgehört habe zu fallen: ich konnte nur wegen der entsetzlichen Tiefe nichts mehr als ein dumpfes, undeutliches Getöse vernehmen, und der letzte hörbare Hall war gleich jenem einer Last, die in weiter Entfernung in ein Wasser plumpt.

Das Volk behauptet, daß Loch gehe in die Hölle, und manche wollen die Teufel zuweilen drinne brummen und brüllen hören. Schauderhaft ist es wenigstens immer; und wär' ich Herr: mir sollte einer, der des Todes schuldig ist, hinabgelassen werden, mit all der Vorsicht, die nöthig wäre, um Kundschaft einzuziehen: dafür sollt er — wofern er wieder heraus

heraus gebracht würde, Begnadigung erhalten.

Die Menschen hier sind durchgehends groß und starck. Sie geniesen einer blühenden Gesundheit, und erreichen ein hohes Alter. — Sie haben ihre eigene Art von Liedern und Tänzen, welche letzte zwar zimlich den Takt der Schwäbischen haben; allein sie sind von diesen und den übrigen teutschen Tänzen darin unterschieden, daß Weib und Mann meist jedes einzeln gegen das Andere tanzet. Dabey haben sie ihre ganz eigenen Wendungen und Gebärden und gewisse wirklich zierliche Bewegungen der erhobenen Aerme, womit sie gleichsam den Leib balanziren, und so recht lebhaft und ungezwungen Munterkeit und Freude ausdrücken.

Weit mehr aber, als ihr Tanz, verdient eine ganz eigene Gattung von gewissem Gesange angemerkt zu werden, den sie ihrem Viehe vorsingen, und daher den Kühereihen nennen. Noch bin ich begeistert, wenn ich mir das Süße, Schmelzend-Einfältige zurück

rück rufe, das in diesen Modulationen liegt. Es ist etwas durch alle Künsteley der Töne Unerreichbares. Zürcher haben sich schon vergebens bemühet, den Kühereihen in Noten zu bringen: aber es gibt keine Noten dafür — und, dieß ist auch die Ursache, warum er nicht allgemeiner bekannt ist. Die Töne sind artikulirt, wie eine Art von Sprache, und der Ausdruck ist nichts, als die rührendste Einfalt, die schmeichelndste Güte, die innigste Vertraulichkeit. So was aufs Herz wirkendes hab ich mein Lebtag nie gehört. Ich hörte die Harmonika von Meistern spielen. Es ist wahr, sie spannt mit Zauberkraft, und erschüttert jede Nerve; aber ich muß gestehn, daß mein Herz durch jene Art von Modulation weit angenehmer bewegt ward. Das Vieh selbst sieht sich dabey öfters nach dem Sänger um, steht still, und horchet, und man kan ihm so recht deutlich seinen Beyfall aus dem Blicke lesen. Es giebt aber auch der Virtuosen darin gute und minder gute; und nur im Herzen vom Innerrhoden hört man die Besten. Ich schwöre Dir, Bruder! ließen sich die feinen Kehlen einer Mara,

einer

einer Morichelli, oder auch selbst eines Kastraten *) hören; und zugleich einer meiner appenzeller Sänger: ich würde ohne Bedenken die Ersten zurük lassen, um den letzten zu hören.

Soviel von dem Ländchen der Einfalt. Heilig sey mir Dein Andenken, glückliches Appen-

---

*) Wie lange wird man noch Vergnügen an dem Tone verstümmelter Mannheit empfinden? Fürsten! wie lange noch werdet Ihr die Euch anvertrauten Schäze des Landes dem feilen schändlichen Trosse von Taugenichtsen hinwerfen, die niedrig genug sind, Euch das Edelste der Natur dafür aufzuopfern; um Eure Ohren durch weibische Töne zu küzeln? Ist Euch dann gar nichts heilig in der Natur, sobald es auf Befriedigung Eurer Lüste ankömmt? Werdet Ihr Euch nie schämen, Mannheit, wie Tugend und Unschuld, das Heiligste der Menschheit; für Eure Lüste feil zu machen??... ...... Ich kann die verschnittenen Saukerls, wegen der Ideenverbindung, die sich mir allemal dabey aufdringt, nie ohne Ekel und Grauen hören.

Anm. des Herausg.

penzell! Oft noch wandelt mein Geist in Deinen' Gefilden. Ewig sey Einfalt und Unschuld Dein Loos! Nie müsse der Fustritt üppiger Städter, schwelgender Wollüstlinge, Deine seltgen Gefilde entheiligen!!....

Mit schwerem Herzen drückt' ich meinem redlichen Wirth der mich immer begleitet hatte, die Hand, und gieng von dem Kamorberge ostwärts; und nachdem ich noch ein Paar Berge hinauf, und einige Thäler hinab geklettert war, die aber nicht sehr steile sind: kam ich am Ende eines kleinen Waldes, in ein abgelegenes Wirthshaus vor einem Dorfe, das man mit Koppelwies nannte.

Das Wirthshaus war ein Bad, und ohngeachtet alles darinn sehr unrein und ärmlich aussah, so blieb ich doch hier über Nacht; weil es späte war, und ich die Kristallhöle sehen wollte, die, wie ich gehört hatte, in der Nähe ist.

Hierher ließ ich meinen Bedienten mit meiner Bagage nachkommen. Des andern
F   Mor-

Morgens ließ ich mich nach der genannten Höle führen. Wir stiegen einen Berg im Walde hinauf, und kamen ohngefehr nach einer Viertelstunde dort an. Der Zugang ist wieder nicht ohne Gefahr. Eine Bergwand zur Linken und ein tiefer Abgrund zur Rechten, kletterten wir am Abhange des Berges, auf schmalen, schroffen Steinen hin. Itzt kamen wir in die Vorhöle des Berges, von da man in die Kristalhöle gelangt. Aber der Eingang ist warlich nichts weniger, als einladend. Stelle Dir einen engen finstern Schlund von ohngefehr dreyßig Schuhen in die Länge vor, durch den man rückwärts hinabkriechen muß, und der so enge ist, daß ein schlanker Mensch durchzukommen, Mühe hat. Mein Führer schlug hier Feuer; brannte ein Paar Wachskerzchen an, die er zu dem Ende mitgenommen hatte; jeder nahm eins, und wir traten unsere kriechende Wanderschaft an. Er schlüpfte voran, und ich folgte ihm nicht ohne kleinen Schauder nach. Als ich aber mitten im Schlunde war, kein Tageslicht vor noch hinter mir sah, nicht so viel Raum hatte als in einem Grabe, und so eingeengt war, daß

ich

ich mich kaum hindurch arbeiten konnte: da fieng mir warlich der Odem an kurz zu werden, und ich dachte, wies wohl dem armen Jonas mögte gewesen seyn, als er durch den Schlund des Wallfisches hinab reiste.

Als ich endlich hindurch war: befand ich mich in einer dunklen Höle von ohngefehr sechs Schuhen in der Höhe, vierzig in der Länge und zwölf in der Breite. Der Boden war feucht und sandich; Decke und Wände waren schöner, guter Kristall, der in schroffen Stücken, gleich Steinen, dahieng. Ohngefehr in der Mitte zieht die Höle sich enger zusammen, und formirt dadurch eine Abtheilung und einen Eingang in eine zweyte Höle. Am Ende derselben wird man in der Höhe einen eben so engen Schlund, als der am ersten Eingange, gewahr, der wieder mit einer andern Höle dieser Art Verbindung hat, die ich aber zu beaugenscheinigen nicht mehr in Versuchung war. Allein der Lage nach, gerieth ich auf den Gedanken, ob wohl nicht diese Hölen mit jener vom Kamorberge im Zusammenhange und etwa der Ausgang derselben sind.

Mich nimmt Wunder, daß man für die Unterſuchung dieſer Hölen, ſo wie auch für die Bearbeitung ihres Kriſtalls nicht mehr thut, und ich würde es daher der Mühe wehrt achten, Aufmerkſamkeit darauf zu erregen.

Von da kam ich bald darauf wieder auf die Landſtraſſe, die mich nach dem Bodenſee führte, und der Bodenſee führte mich nach Lindau; wovon ich nicht Zeit habe, auch ſich nicht der Mühe lohnt, Dir mehr zu ſagen, als was ich bereits in meinem erſten Briefe von Reichsſtädten überhaupt geſagt habe.

Nun Adieu zum letzten Male an den Küſten Helvetiens. Morgen reiſ' ich von hier durchs Tyrol über Insbruck, Bozen, nach Italien. —